Criar filhos compassivamente

Maternagem e paternagem na perspectiva da Comunicação Não Violenta

MARSHALL ROSENBERG

Criar filhos compassivamente

Maternagem e paternagem na perspectiva da Comunicação Não Violenta

Tradução
Tônia Van Acker

Palas Athena

Título original: *Raising Children Compassionately:*
Parenting the Nonviolent Communication Way
Copyright © 2005 PuddleDancer Press

Grafia segundo o Acordo Ortográfico da Língua Portuguesa de 1990,
que entrou em vigor no Brasil em 2009.

Coordenação editorial: Lia Diskin
Revisão técnica: Silvio de Melo Barros
Revisão: Rejane Moura
Capa, Projeto gráfico, Produção e Diagramação: Jonas Gonçalves

Dados Internacionais de Catalogação na Publicação (CIP)
(Câmara Brasileira do Livro, SP, Brasil)

Rosenberg, Marshall B., 1934-2015
  Criar filhos compassivamente: maternagem e paternagem na perspectiva da comunicação não violenta / Marshall Rosenberg; tradução Tônia Van Acker. – São Paulo: Palas Athena, 2019.

  Título original: Raising children compassionately: parenting the nonviolent communication way

  ISBN 978-85-60804-42-9

  1. Comunicação interpessoal 2. Educação de filhos 3. Pais e filhos I. Título.

19-25444   CDD-158.24

Índices para catálogo sistemático:
1. Filhos e pais: Relações familiares: Psicologia aplicada 158.24
Cibele Maria Dias - Bibliotecária - CRB-8/9427

5ª edição, julho de 2022
Todos os direitos reservados e protegidos
pela Lei 9610 de 19 de fevereiro de 1998.
É proibida a reprodução total ou parcial, por quaisquer meios,
sem a autorização prévia, por escrito, da Editora.
Direitos adquiridos para a língua portuguesa por Palas Athena Editora.
Alameda Lorena, 355 – Jardim Paulista
01424-001 – São Paulo, SP – Brasil
Fone (11) 3050-6188
www.palasathena.org.br
editora@palasathena.org.br
@associacaopalasathena

Sumário

9   Introdução
11 Nossa própria consciência
13 Nossa educação como pais
15 As limitações da coerção e da punição
19 Certa qualidade de vínculo
23 As limitações das recompensas
25 Transformar sua comunicação habitual
29 "Guerra nas tarefas"
33 Amor incondicional
37 Preparando nossos filhos
41 O jogo do "Capitão"
45 O uso de força
49 Comunidades de apoio
53 Os quatro componentes da CNV
54 Lista de alguns sentimentos e necessidades universais
55 Sobre a Comunicação Não Violenta
57 Sobre o Center for Nonviolent Communication
59 Sobre o autor

Introdução

Há trinta anos ensino Comunicação Não Violenta para mães e pais. Gostaria de partilhar algumas das coisas que têm sido úteis para mim e para os pais com quem trabalhei, e também quero dividir algumas percepções que tive sobre a maravilhosa e desafiadora missão de criar filhos.

Primeiramente, é aconselhável chamar a atenção para o perigo da palavra "filho" – se for usada para sugerir um tipo diferente de respeito, diferente daquele que teríamos por alguém não rotulado como filho ou criança. Explicarei melhor o que quero dizer com isso.

Nas oficinas de maternagem e paternagem que realizei ao longo dos anos, muitas vezes começava dividindo o grupo em dois. A atividade funciona assim: um grupo fica em uma sala, o outro grupo em outra. Ambos recebem a tarefa de escrever, em uma folha de papel grande, um diálogo com alguém, numa situação conflituosa. Digo a cada grupo qual é o conflito. A única diferença é que para um grupo sinalizo que o conflito se dá com um filho, e para o outro grupo que a discussão é com um adulto – por exemplo, um vizinho.

Depois, os grupos se reúnem e juntos contemplamos os diferentes diálogos que escreveram – num caso pensando que o outro era um filho, no outro supondo ser um vizinho. Note que não permito que os grupos discutam entre si sobre quem é a pessoa envolvida na discussão, portanto, os dois grupos pensam que o contexto é o mesmo.

Depois que todos leram os diálogos dos dois grupos, pergunto a eles se perceberam alguma diferença quanto ao grau de respeito e compaixão demonstrados em cada um dos casos. Todas as vezes que propus essa atividade, a comunicação do grupo que trabalhava na discussão com um filho sempre era percebida como menos respeitosa e compassiva quando comparada com o grupo que havia trabalhado com o outro como sendo um vizinho. Isso mostra aos dois grupos, de modo doloroso, que é muito fácil desumanizar alguém pelo simples fato de ver essa pessoa como "meu filho".

Nossa própria consciência

Um dia, tive uma experiência que realmente me conscientizou do perigo de pensar nas pessoas como filhos/crianças. Eu tinha passado um final de semana inteiro trabalhando com dois grupos: uma gangue de rua e o departamento de polícia. Meu papel era de mediador entre esses antagonistas. Muita violência vinha sendo trocada entre eles, e me pediram para tentar intermediar uma solução. Depois de passar tanto tempo ali, lidando com a hostilidade mútua entre membros da gangue e policiais, eu estava exausto. Quando as sessões de mediação terminaram, a caminho de casa, dirigindo meu carro, pensei comigo mesmo que nunca mais na minha vida queria estar em meio a um conflito.

É claro que quando entrei pela porta da cozinha, meus três filhos estavam brigando. Expressei minha dor da maneira que recomendamos na Comunicação Não Violenta. Disse como estava me sentindo, quais eram minhas necessidades e fiz meu pedido. Falei da seguinte forma, aos gritos: "Quando ouço tudo isso que está acontecendo agora entre vocês, fico muito nervoso! De verdade, preciso muito de paz e sossego depois do final de semana que passei! Será que vocês poderiam me dar esse tempo e espaço que estou precisando?"

Meu filho mais velho olhou para mim e disse: "Você quer falar sobre isso?" Muito bem. Naquele momento eu o desumanizei na minha mente. Como? Porque pensei: "Que graça! Vejam só, um menino de nove anos tentando ajudar o pai". Examine de perto meu pensamento. Veja como desqualifiquei seu oferecimento por causa da sua idade, porque o rotulei como criança. Felizmente, percebi na mesma hora o que estava acontecendo em minha cabeça. Talvez tenha tido mais clareza justamente por causa do trabalho que acabara de fazer com a gangue de rua e a polícia, algo que me mostrou o perigo de pensar nas pessoas em termos de rótulos ao invés de enxergar sua humanidade.

Portanto, em vez de vê-lo como uma criança e pensar "Que gracinha", enxerguei um ser humano tentando ajudar outro ser humano que sofre, e lhe disse em voz alta: "Sim, gostaria de falar a respeito". Os três me seguiram, fomos para a outra sala e me ouviram enquanto eu abria o coração para sentir toda a dor por aquilo que havia assistido – as pessoas podem chegar ao ponto de querer ferir os outros simplesmente porque não foram treinadas para enxergar a humanidade daquele outro ser. Depois de falar sobre isso durante 45 minutos, me senti ótimo, e me lembro de ter ligado o som e de dançarmos como loucos por um tempinho.

Nossa educação como pais

Todavia, não estou dizendo que devemos parar de usar as palavras "filho/criança" para comunicar de modo rápido que estamos falando de alguém de certa idade. Refiro-me às ocasiões em que permitimos que rótulos como esses nos impeçam de ver a outra pessoa como um ser humano – o que nos leva a desumanizar o outro por causa das coisas que nossa cultura nos ensina sobre as "crianças". Permita que eu demonstre as consequências daquilo que estou afirmando, e como o rótulo "criança" pode nos conduzir a um comportamento bastante infeliz.

Segundo a maneira como fui educado a pensar sobre criação de filhos, o trabalho de um pai ou mãe é fazer as crianças se comportarem bem. Veja, na cultura em que fui educado, se você se torna autoridade, professor ou pai, passa a entender que sua responsabilidade é fazer com que pessoas rotuladas como "filho/criança" ou "aluno" se comportem de determinada maneira.

Hoje percebo que esse é um objetivo que traz consigo a derrota, pois aprendi que quando nosso objetivo é conseguir que outra pessoa se comporte de determinado modo, elas provavelmente resistirão àquilo que estamos pedindo. Segundo minha experiência, esta regra vale para pessoas com idade de 2 a 92 anos.

Esse objetivo – conseguir o que desejamos da outra pessoa (ou conseguir que faça o que nós queremos) – ameaça a sua autonomia, seu direito de escolher o que deseja fazer. E sempre que as pessoas sentem que não podem escolher livremente sua tendência é resistir, mesmo se enxergarem o propósito daquilo que estamos pedindo e sejam, normalmente, inclinadas a fazer aquilo. É tão forte a necessidade de proteger nossa autonomia que, se percebermos que alguém insiste em seus próprios objetivos – se aquela pessoa age como se acreditasse que sabe o que é melhor para nós, e não nos deixa escolha ou alternativa de ação – isso estimula nossa resistência.

As limitações da coerção e da punição

Serei eternamente grato a meus filhos por me ensinarem a respeito das limitações desse objetivo: conseguir que outras pessoas façam o que quero. Eles me mostraram que, em primeiro lugar, não podia obrigá-los a fazer o que eu queria. Não conseguia obrigá-los a fazer nada. Não conseguia fazê-los guardar o brinquedo de volta na caixa de brinquedos. Não conseguia que arrumassem a cama. Não conseguia obrigá-los a comer. Essa foi uma lição de humildade para mim: aprender que, como pai, eu não tinha poder. Por algum motivo eu havia colocado na minha cabeça que cabia ao pai fazer a criança se comportar "bem". E ali estavam aquelas criancinhas me ensinando esta lição de humildade: que não se pode obrigá-las a fazer as coisas. Eu conseguia apenas fazer com que se arrependessem de não ter feito o que mandei.

    E sempre que fui tolo o bastante para fazê-los se arrepender de não me obedecerem, eles me ofereceram uma segunda lição sobre paternagem e poder, que acabou se mostrando muito valiosa ao longo dos anos: faziam com que eu me arrependesse de ter feito aquilo. Violência gera violência. Meus filhos me ensinaram que qualquer uso de coerção da minha parte invariavelmente criaria resistência da parte deles, e isso trazia uma qualidade adversarial à nossa ligação. Não desejo ter esse tipo de vínculo com ser humano algum, mas é especialmente indesejado no caso de meus filhos, os seres humanos que me são mais próximos e pelos quais tenho responsabilidade. Meus filhos são, portanto, as últimas pessoas com quem quero entrar em jogos coercitivos envolvendo punição.

Entretanto esse conceito de punição é muito defendido pela maioria dos pais. Pesquisas indicam que cerca de 80% dos pais norte-americanos acreditam sem reservas na eficácia do castigo físico para crianças. Essa é aproximadamente a mesma porcentagem dos que defendem a pena de morte para criminosos. Havendo uma parcela tão grande da população que defende a punição como justificável e necessária na educação de crianças, tive, ao longo dos anos, bastante oportunidade de discutir essa questão com os pais, e fiquei satisfeito em ver que consegui ajudar muitas pessoas a enxergarem as limitações de qualquer tipo de punição. Para tanto basta perguntar a si mesmo duas coisas.

Pergunta número um: O que você quer que a criança faça de outro modo? Se pararmos nessa questão, pode parecer que em certas ocasiões a punição funciona, pois por meio de ameaça ou aplicação de castigo, certamente conseguiremos algumas vezes influenciar a criança a fazer o que queremos.

Contudo, ao acrescentar uma segunda pergunta, observei que os pais percebem que a punição nunca funciona: Quais são as motivações que queremos que a criança tenha para agir como desejamos? Essa segunda pergunta nos ajuda a ver que a punição não apenas é ineficaz, mas impede que nossos filhos façam as coisas pelos motivos que desejamos.

Já que a punição é usada com frequência e considerada justificável, os pais imaginam que o contrário da punição é aquele tipo de permissividade na qual nada fazemos quando as crianças se comportam de maneira divergente aos valores dos pais. Portanto, os pais só conseguem pensar: "Se eu não punir meu filho, estarei abrindo mão de meus próprios valores e simplesmente permitindo à criança fazer o que quer". Conforme mostrarei a seguir, há outras abordagens além da permissividade. Em outras palavras, há alternativas entre deixar as pessoas fazerem o que bem entendem e aplicar táticas coercitivas de punição. Aliás, gostaria de dizer que as recompensas são tão coercitivas quanto os castigos. Nos dois casos estamos usando o poder sobre os outros, controlando o ambiente de modo a tentar forçar as pessoas a se comportarem do modo que queremos. Sob esse ponto de vista, o uso de recompensas brota da mesma mentalidade que preconiza o castigo.

Certa qualidade de vínculo

Há uma abordagem alternativa à omissão e à utilização de táticas coercitivas. Esta outra metodologia requer consciência da diferença sutil, porém importante, entre ter por objetivo conseguir que as pessoas façam o que queremos (o que não recomendo) e, em vez disso, ter a clareza de que nosso objetivo é criar a qualidade de vínculo necessária ao atendimento das necessidades de todos.

Entendi por experiência que (estejamos nos comunicando com crianças ou com adultos) quando percebemos a diferença entre esses dois objetivos e conscientemente nos abstemos de tentar conseguir que o outro faça o que queremos – ao mesmo tempo procurando criar uma qualidade de cuidado mútuo, respeito mútuo, um bom vínculo que permite aos dois sentirem que suas necessidades estão sendo levadas a sério, e a consciência de que as necessidades e o bem-estar da outra pessoa são independentes – é impressionante como os conflitos, que de outro modo pareceriam insolúveis, se resolvem com facilidade.

Ora, esse tipo de comunicação que viabiliza a criação da qualidade de vínculo necessária ao atendimento das necessidades de todos é muito diferente daquela que usamos quando adotamos formas coercitivas para resolver disputas com crianças. Ela requer uma mudança que nos distancia da avaliação moralista da infância (em termos de certo/errado, bom/mau), e nos aproxima de uma linguagem baseada em necessidades. Precisamos conseguir dizer às crianças se o que elas estão fazendo está em harmonia com nossas necessidades, ou em conflito com elas – mas fazê-lo de tal forma que não estimulemos a culpa ou a vergonha nos mais jovens. Vamos dar um exemplo: "Fico com medo quando vejo você bater no seu irmão, pois preciso que as pessoas da família estejam em segurança" ao invés de "É errado bater no seu irmão". Ou em outra circunstância, em vez de afirmar "Você é um preguiçoso porque não arrumou o quarto", dizer "Fico frustrado quando vejo que sua cama não está arrumada porque preciso de apoio para manter a casa em ordem".

Essa mudança de linguagem – que evita a classificação do comportamento da criança em termos de certo e errado, bom e mau, e procura se concentrar nas necessidades – não é fácil para aqueles que foram educados por professores e pais a pensar em termos de julgamentos moralistas. Requer também a habilidade de estar presente para nossos filhos, escutá-los com empatia quando estão angustiados. Isso tampouco é simples, pois aprendemos com nossos pais a intervir imediatamente, aconselhar e consertar a situação.

Portanto, quando trabalho com mães e pais, analisamos juntos as situações que podem surgir quando uma criança diz, por exemplo: "Ninguém gosta de mim". Quando expressa isso, acredito que está precisando de uma conexão empática. Ou seja, compreensão respeitosa, através da qual a criança sente que estamos presentes e realmente escutamos o que ela sente e necessita. Às vezes é possível comunicar isso em silêncio, apenas mostrando no olhar que estamos ali com ela, com sua tristeza, sua necessidade de ter outra qualidade de conexão com seus amigos. Mas talvez seja preciso dizer algo em voz alta, como: "Parece que você está realmente muito triste. Não está se divertindo muito com seus amigos?"

Entretanto, muitos pais, tendo definido seu papel como o de fazer seus filhos felizes o tempo todo, se precipitam e falam algo do tipo: "Bem, será que você está fazendo alguma coisa que talvez esteja afugentando seus amigos?" Ou discordam da criança dizendo: "Ah, isso não é verdade. Você tinha tantos amigos. Tenho certeza que vai fazer mais amizades". Ou então oferecem conselhos: "Talvez se você falasse de outro modo com seus amigos, eles gostariam mais de você".

Não percebem que todos os seres humanos, quando estão sofrendo, precisam de presença e empatia. Talvez até queiram conselhos, mas isto precisa vir depois de receberem conexão empática. Meus próprios filhos me ensinaram isso da maneira mais dura, dizendo: "Papai, por favor, não dê conselhos a não ser que tenha recebido um pedido por escrito com firma reconhecida em cartório".

As limitações das recompensas

Muitas pessoas acreditam que é mais humano usar recompensas do que punições. Mas vejo ambas como exercício de poder sobre os outros, e a Comunicação Não Violenta se baseia no poder com os outros. Na modalidade de poder com as pessoas, não procuramos influenciar através de nossa capacidade de fazer as pessoas sofrerem se não fizerem o que queremos, ou de recompensá-las caso obedeçam. O "poder com" é um tipo de poder baseado em confiança mútua e respeito, que leva as pessoas a se abrirem para ouvir o outro e aprender mutuamente; doarem-se uns aos outros de boa vontade pelo desejo de contribuir com o bem-estar do outro, ao invés de motivados por medo de punições ou esperança de recompensas.

É possível obter esse tipo de poder, o poder com as pessoas, quando conseguimos comunicar de modo aberto nossos sentimentos e necessidades sem fazer crítica alguma à outra pessoa. Isso acontece quando dizemos ao outro aquilo que queremos, de tal modo que ele não o ouça como uma exigência ou ameaça. Como mencionei, é preciso também escutar o que os outros estão de fato tentando comunicar, e mostrar que entendemos com exatidão – em vez de imediatamente começar a dar conselhos e querer consertar a situação.

Para muitos pais, esse modo de comunicação é tão diferente que pensam: "Não me parece natural falar dessa maneira". Por uma incrível coincidência, um escrito de Gandhi me caiu nas mãos na hora exata: "Não confunda o que é natural com o que é habitual". Gandhi explica que, com frequência, fomos educados a falar e agir de modo bastante antinatural, embora essas formas tenham se tornado habituais uma vez que, por várias razões, fomos treinados a falar ou agir daquela maneira na nossa cultura. Quando li isso, certamente me pareceu verdadeiro, pois reconheci na minha própria experiência a origem do meu estilo de comunicação com as crianças. Fui treinado a julgar em termos de certo e errado, bom e mau, e o uso de punições sempre foi disseminado e se tornou habitual para mim como pai. Contudo, eu tampouco diria que pelo fato de uma coisa ser habitual ela seja natural.

Aprendi que é muito mais natural as pessoas se conectarem de modo amoroso, respeitoso, e fazerem as coisas pela alegria de estar com o outro, ao invés de usar punições e recompensas, ou culpa e acusações, como instrumentos de coerção. Mas uma transformação dessa natureza exige muita consciência e esforço.

Transformar sua comunicação habitual

Recordo-me de uma ocasião, quando estava em processo de transformar minha comunicação habitual julgadora com meus filhos e adotar esta outra maneira que agora defendo. Naquele dia, a situação era um conflito com meu filho mais velho, e eu estava demorando para me comunicar da forma que escolhi ao invés do meu modo habitual. Quase tudo que vinha espontaneamente à minha cabeça era alguma afirmação coercitiva na forma de julgamento por ele ter dito o que dissera. Tive que parar para respirar fundo e pensar em como acessar minhas próprias necessidades e entrar mais em contato com as dele. E isso demorou. Ele foi ficando frustrado porque seu amigo estava esperando lá fora, e me disse:

— Pai, você está demorando muito para falar.

— Vou te dizer o que dá para dizer rapidamente – faça do meu jeito ou eu acabo com a sua vida.

Ele então respondeu:

— Tudo bem, pai. Demore o quanto quiser.

De fato, ao me comunicar com meus filhos prefiro demorar e falar a partir da energia de minha escolha, ao invés de responder por hábito do modo que fui condicionado a fazer se algo não estiver em harmonia com meus valores. Infelizmente, recebemos do nosso entorno muito mais reforço positivo para agir de forma punitiva e julgadora do que de maneira respeitosa com nossos filhos.

Lembro-me de um jantar de Ação de Graças. Eu me esforçava para falar com meu filho mais novo do modo que recomendo. Não estava fácil, pois ele me testava até os limites. Mas não tive pressa; eu respirava fundo, tentava compreender as necessidades dele e procurava entender minhas próprias necessidades para expressá-las de modo respeitoso. Um outro membro da família, observando minha conversa com meu filho, a dada altura chegou no meu ouvido e sussurrou: "Se fosse meu filho, ele lamentaria ter dito o que disse". Obviamente ele tinha sido treinado da maneira "habitual".

Já conversei com inúmeros pais e mães que tiveram experiências semelhantes e que, ao tentarem se relacionar de modo mais humano com seus filhos, ao invés de obter apoio, foram criticados. As pessoas muitas vezes confundem a comunicação da qual estou falando com permissividade. Ou pensam que equivale a deixar as crianças sem norte, não percebem que é uma outra qualidade de orientação. A direção que defendo nasce de duas pessoas que confiam uma na outra, e não de uma pessoa que impõe sua autoridade à outra.

O resultado mais triste de ter por objetivo conseguir que as crianças façam o que queremos – ao invés de desejar que todos tenham o que querem – é que em algum momento tudo que pedirmos lhes parecerá uma exigência. E sempre que as pessoas escutam uma exigência, é difícil manterem o foco no valor daquilo que está sendo solicitado pois, como já mencionei, aquilo constitui uma ameaça à sua autonomia – e esta é uma necessidade muito forte dos seres humanos. Todos querem poder fazer algo quando escolhem fazer aquilo, e não porque estão sendo forçados a fazê-lo. Assim que uma pessoa ouve uma exigência, fica muito mais difícil chegar a uma solução que atenda às necessidades de todos.

"Guerra nas tarefas"

Darei um exemplo da minha vida familiar: meus filhos recebiam diferentes tarefas em casa. Meu mais novo, Brett, tinha doze anos e pedimos a ele que levasse o lixo para fora, duas vezes por semana, para que a equipe de coletores de lixo pudesse recolher. A tarefa era simples: pegar o saco de lixo debaixo da pia da cozinha e levá-lo até a calçada, de onde seria retirado mais tarde. Esse processo, do começo ao fim, levava cinco minutos. Porém, criava uma guerra duas vezes por semana na hora de pôr o lixo para fora.

     Como começava essa guerra? Em geral, bastava mencionar o nome dele: "Brett!" É claro que, pela minha entonação de voz, ele percebia que eu já estava bravo e julgando-o por não ter feito o que devia. Apesar de chamar o nome dele alto o suficiente para que os vizinhos do quarteirão de baixo ouvissem, o que ele fazia para escalar o conflito? Ele fingia que não tinha ouvido, mesmo estando na sala ao lado. E o que eu fazia? Ficava com mais raiva, é claro. Então eu gritava o nome dele ainda mais alto que da primeira vez, de tal modo que nem

ele podia fingir que não tinha ouvido:
— O que você quer? – ele perguntava.
— O lixo ainda está aqui dentro.
— Você é muito perspicaz.
— Ponha o lixo para fora.
— Daqui a pouco – retrucava.
— Você disse isso da última vez, e não fez.
— Não significa que não vou fazer desta vez.

Veja quanta energia gasta no simples ato de colocar o lixo para fora. Toda essa tensão se criava entre nós porque, naquele tempo, eu tinha enfiado na cabeça que era seu dever fazer aquilo, que ele tinha de fazê-lo, que ele tinha de aprender a ser responsável. Em outras palavras, apresentei aquela tarefa como uma exigência.

As pessoas entendem solicitações como exigências se pensarem que serão punidas ou culpadas caso não fizerem a tarefa. Essa ideia tira toda a alegria de qualquer ato.

Certa noite conversei com Brett sobre isso. Foi quando eu estava começando a entender toda essa questão da motivação. Comecei a desconfiar que era muito destrutivo pensar que sabia o que era o "certo", ou seja, que meu dever como pai era fazer as crianças se comportarem "bem". Naquela noite conversamos sobre por que o lixo não estava sendo colocado para fora – e nessa época eu já estava aprendendo a escutar melhor, a ouvir os sentimentos e necessidades por trás da sua recusa em fazer o que eu pedia. Vi claramente que ele tinha necessidade de fazer as coisas por escolha própria, e não apenas porque estava sendo obrigado a fazê-las.

Quando enxerguei isso, disse-lhe:
— Brett, como vamos sair desta situação? Sei que tenho feito exigências no passado, que quando você não fazia as

coisas que eu pedia, eu o julgava por não estar cooperando com a família da qual você é membro. Como vamos sair deste histórico que temos, e como conseguiremos chegar a uma situação onde podemos ajudar um ao outro com base em outro tipo de energia?

Ele teve uma ideia muito útil:

— Pai, que tal se toda vez que eu tiver dúvida se é um pedido ou uma exigência, perguntar a você: "Isso é um pedido ou uma exigência?"

— Gostei dessa ideia. Isso me obrigaria a realmente parar e observar o que estou pensando, e perceber se o que eu disse de fato está no espírito de "Veja, eu realmente gostaria que você fizesse isto, atenderia às minhas necessidades, mas se as suas necessidades estão em conflito com as minhas, quero ouvi-las, e então podemos pensar uma saída para que as necessidades de todos sejam atendidas".

Gostei mesmo da sugestão dele, de parar e realmente verificar quais pressupostos estavam funcionando dentro de mim. No dia seguinte, antes de ele ir para a escola, tivemos três oportunidades de testar o método. Por três vezes lhe pedi que fizesse algo, e a cada vez ele me olhava e dizia: "Pai, isso é um pedido ou uma exigência?" A cada vez eu olhava para dentro e percebia que ainda era uma exigência. Eu continuava pensando que Brett devia fazer aquilo, que era a única coisa razoável de se fazer. Sentia que se ele não o fizesse, eu estava preparado para me tornar cada vez mais coercitivo. Portanto, foi útil ele ter chamado minha atenção para o fato. A cada vez eu parava, entrava em contato com minhas necessidades, tentava escutar as dele, e dizia: "Ok. Obrigado. Isso me ajudou. Era uma exigência e agora é um pedido". E ele sentia a diferença na minha atitude. E nas três ocasiões ele fez o que eu pedi sem questionar.

Quando as pessoas ouvem uma exigência, parece-lhes que nosso amor, respeito e cuidado são condicionais. Isto é, parece que só gostamos deles enquanto pessoas quando fazem o que queremos.

Amor incondicional

Lembro-me de uma vez, anos atrás – Brett só tinha três anos de idade. Eu não sabia se estava comunicando a ele e a meus outros filhos a qualidade incondicional do meu amor. Ele apareceu naquele meu momento de questionamento interno e entrou na sala. Então, perguntei-lhe:

— Brett, por que o papai ama você?

Ele me olhou e disse de imediato:

— Porque agora eu faço cocô na privada?

Fiquei muito triste naquele instante porque era evidente que ele não tinha como pensar de outra maneira. Naquele tempo, minha resposta a meus filhos era muito diferente quando eles faziam o que eu queria e quando desobedeciam.

Então, disse a ele:

— Bem, eu realmente gosto disso, mas não é por isso que te amo.

— Então é porque eu não jogo mais a comida no chão?

Ele se referia a um pequeno incidente na noite anterior,

quando jogou comida no chão.
— É verdade, eu gosto quando a comida fica no prato. Mas não é por isso que te amo.
Ele ficou muito sério, me olhou nos olhos, e indagou:
— Então por que você me ama, papai?
Naquele instante me perguntei por que tinha entrado numa conversa tão abstrata sobre amor incondicional com uma criança de três anos. Como expressar algo assim a alguém dessa idade? E disse sem pensar:
— Ora, gosto de você porque você é você!
Lembro que naquele momento pensei: "Bem, isso foi uma coisa muito vaga e banal de se dizer". Mas ele entendeu. Compreendeu a mensagem; eu vi no rostinho dele. Ele sorriu, me olhou, e disse:
— Ah, você me ama porque eu sou eu, papai!
Nos próximos dois dias, parece que a cada dez minutos ele corria para o meu lado, olhava para cima e dizia: "Você me ama porque eu sou eu, papai. Você me ama porque eu sou eu, papai".
Portanto, para comunicar essa qualidade incondicional de amor, respeito e aceitação às outras pessoas, não significa que seja necessário gostar de tudo o que fazem. Não quer dizer que devamos ser permissivos e abrir mão de nossos valores. Mas é preciso, sim, mostrar às pessoas que temos a mesma qualidade de respeito por elas nas duas ocasiões: quando fazem o que queremos e quando não fazem o que lhes pedimos. Depois de mostrar respeito através da empatia, dedicando tempo para compreender por que não querem fazer o que pedimos, então podemos passar a estudar maneiras de motivá-las a fazerem voluntariamente o que precisamos. Em alguns casos, quando o outro tem um comportamento que ameaça nossas necessi-

dades ou a segurança, e não há tempo ou habilidade para se comunicar de modo adequado, é possível até recorrer à força.

Mas o amor incondicional exige que, não importa qual seja o comportamento das pessoas, elas tenham a confiança de que receberão alguma medida de compreensão da nossa parte.

Preparando nossos filhos

É claro que nossos filhos muitas vezes se verão em situações onde não receberão aceitação, respeito nem amor incondicional. Frequentarão escolas onde talvez os professores utilizem formas de autoridade baseadas em outro modo de pensar, por exemplo, que respeito e admiração devem ser conquistados e que a pessoa merece ser acusada e punida se não se comportar de determinada maneira. Portanto, uma de nossas tarefas como pais e mães é mostrar aos nossos filhos como preservar sua humanidade, mesmo quando estão sendo expostos a autoridades que usam algum tipo de coerção.

Um de meus dias mais felizes como pai foi o primeiro dia do meu filho mais velho na escola do bairro. Ele tinha doze anos de idade. Acabara de cursar os seis primeiros anos numa outra escola onde eu ajudara a treinar todos os professores, uma escola baseada nos princípios da Comunicação Não Violenta. Lá se esperava que as pessoas fizessem as coisas não pelas punições e recompensas, mas por perceberem a importância de sua contribuição para o próprio bem-estar e o dos outros; as avaliações eram em termos de necessidades e pedidos, não julgamentos. Depois de seis anos naquele estabelecimento, esta seria uma experiência radical para ele, pois, infelizmente, a escola do bairro não funcionava da maneira como eu gostaria.

Mas antes que mudasse de escola, tentei transmitir a ele algum conhecimento sobre por que os professores da nova escola talvez se comportassem diferente, e tentei lhe passar algumas habilidades para lidar com a situação, caso ocorresse. Quando ele voltou do primeiro dia de aula, fiquei radiante ao descobrir como tinha utilizado os conhecimentos que ofereci.

— Rick, como foi na escola nova? – perguntei-lhe.

— Ah, foi tudo bem, pai. Mas, puxa, alguns dos professores...

Vi que ele estava tenso e quis saber:

— O que aconteceu?

— Pai, nem bem eu tinha passado pela porta, sério, mal entrei na sala, o professor olhou para mim, correu na minha direção e gritou: "Vejam só, vejam só a menininha!"

O professor estava reagindo ao fato de que meu filho naquela época tinha cabelo comprido até os ombros. Aparentemente, entendeu que ele, como autoridade, sabia o que era certo, que existia apenas um corte de cabelo correto, e que se alguém não faz as coisas da forma certa, é preciso humilhá-lo ou fazê-lo se sentir culpado por estar errado.

Senti tristeza por meu filho ter sido saudado daquela maneira em seus primeiros minutos numa escola nova.

— Como você lidou com a situação? – perguntei-lhe.

— Pai, me lembrei do que você tinha dito, que quando estamos numa situação assim, para nunca dar ao outro o poder de nos obrigar a sermos submissos ou rebeldes.

Fiquei encantado pelo fato de ele ter lembrado um princípio tão abstrato naquela hora. Comuniquei-lhe minha satisfação e quis saber o que tinha feito.

Ele me disse:

— Pai, também fiz o que você me sugeriu, que quando as pessoas falam comigo desse jeito, para eu tentar ouvir o que estão sentindo e precisando, sem levar para o lado pessoal. Somente tentar ouvir seus sentimentos e necessidades.

Demonstrei-lhe minha apreciação:

— Uau, fico feliz que você pensou em fazer isso. O que você ouviu?

— Ah, pai, estava bem óbvio. Ouvi que ele estava irritado e queria que eu cortasse o cabelo.

— Ah... – retruquei. — Como você se sentiu ao receber a mensagem daquela maneira?

— Pai, fiquei triste pelo professor. Ele é careca e parece que tem um problema com esse assunto de cabelo – respondeu Rick.

O jogo do "Capitão"

Tive uma ótima experiência com meus filhos quando eles tinham respectivamente três, quatro e sete anos de idade. Naquela época, estava escrevendo um livro para professores, sobre como criar escolas em harmonia com os princípios da Comunicação Não Violenta, em consonância com valores de respeito mútuo entre professores e alunos, escolas que fomentassem autonomia e interdependência. Como parte da minha pesquisa para montar essas escolas, queria aprender mais sobre que espécie de escolhas as crianças estão aptas a fazer em cada idade, e como delegá-las a elas a fim de melhor desenvolverem a habilidade de tomar decisões na vida.

Na época, me pareceu que uma brincadeira com meus filhos seria uma boa maneira de aprender mais sobre isso, e chamamos essa atividade de Jogo do Capitão. A cada dia, eu escolhia uma das crianças para ser o capitão. Uma criança por vez, eu delegava ao capitão várias decisões que normalmente eram minhas, e ele tinha que decidir por mim. Mas não transferia à criança uma decisão a não ser que eu estivesse pronto a viver com a sua escolha. Como mencionei, o objetivo da brincadeira era aprender com que idade as crianças estão aptas a fazer certas escolhas, e que decisões são mais difíceis para elas.

A seguir darei um exemplo de como funcionava a brincadeira, e por que a experiência foi um ótimo aprendizado para mim. Certa vez levei as crianças para a lavanderia onde devíamos buscar umas roupas que tinham sido lavadas a seco. Quando paguei, a balconista me ofereceu três balas para as crianças. Imediatamente vi a oportunidade de delegar a decisão ao capitão, e falei: "Por favor, pode dar as balas ao capitão?"

A moça não entendeu nada, mas o capitão sim. Brett, de três anos de idade, foi até lá, estendeu a mão e recebeu as balas. Então falei: "Capitão, por favor, decida o que fazer com as balas".

Imaginem como foi difícil essa decisão para aquele capitão de três anos de idade. Veja, ele com três balas na mão, a irmã olhando para ele, o irmão olhando para ele; como decidir? Depois de ponderar bem a questão, ele deu uma para o irmão e uma para a irmã, e comeu a última.

Quando contei essa história pela primeira vez a um grupo de pais, um deles disse: "Tudo bem, mas isso aconteceu porque você já tinha ensinado que partilhar seria o correto". Então respondi: "De modo algum. Sei que não foi por isso, porque na semana anterior ele se viu numa situação bem parecida e comeu todos os doces sozinho. Mas, no dia seguinte, o que aconteceu com ele? Sim, no dia seguinte ele aprendeu que se não levarmos as necessidades dos outros em conta, nossas próprias necessidades nunca serão plenamente satisfeitas. Foi uma lição rápida de interdependência. Para mim foi emocionante ver como as crianças percebem isso rapidamente quando precisam tomar decisões. Percebem que nunca podemos realmente cuidar de nós mesmos sem mostrar igual preocupação pelas necessidades dos outros".

Já relatei acima que abrir mão do conceito de punição não é fácil para mães e pais. Muitos estão imbuídos da noção de que o castigo é necessário. Não conseguem imaginar o que mais pode ser feito quando as crianças se comportam de um modo que pode ser danoso a si ou a outras pessoas. E não conseguem conceber outras opções além da permissividade – deixar rolar – ou de usar algum tipo de ação punitiva.

O uso de força

Considerei muito importante transmitir àqueles pais e mães o conceito do uso protetivo de força, e conseguir que vissem a diferença entre o uso de força para proteger e o uso de força para punir. Assim sendo, quando podemos, às vezes, usar a força com crianças?

Bem, as condições que pedem o uso da força seriam aquelas em que não há tempo para conversar e o comportamento da criança pode levar ao prejuízo da sua própria integridade ou a de outros – ou quando a pessoa não está disposta a falar. Portanto, se a pessoa não quer falar, ou se não há tempo para conversar, e nesse meio tempo ela está se comportando de modo conflitante com nossas necessidades (como a de proteger as pessoas), poderíamos usar a força. Mas agora é preciso ver a diferença entre uso protetivo e uso punitivo de força. Esses dois modos de usar a força diferem em vários pontos; um deles é a maneira de pensar da pessoa que usa a força.

No uso punitivo de força, quem a utiliza formou um julgamento moralista sobre a outra pessoa, um julgamento que imputa àquela pessoa algum erro que merece punição. A pessoa merece sofrer pelo que fez. Essa é a ideia central da punição. Disso deriva a noção de que os seres humanos são fundamentalmente criaturas pecaminosas e más, e que o processo corretivo lhes fará arrepender-se. Seria preciso fazê-los ver quão horríveis são por terem feito o que fizeram. E o modo de levá-los ao arrependimento é aplicando algum castigo que os faça sofrer. Por vezes é um castigo físico, como uma surra, ou psicológico, quando tentamos fazer com que se odeiem, se sintam culpados ou envergonhados.

A maneira de pensar que leva ao uso protetivo de força é radicalmente diferente. Não há pensamentos de que a outra pessoa é má ou merece punição. Nossa consciência está totalmente focada em nossas necessidades. Estamos atentos para as necessidades que estão em risco. Mas de maneira alguma imputamos maldade ou erro à criança.

Portanto, essa percepção constitui uma distinção significativa entre o uso protetivo e punitivo de força. E tal mentalidade está muito relacionada à segunda diferença – a intenção. No uso punitivo de força, a intenção é criar dor e sofrimento na outra pessoa, fazê-la lamentar ter feito o que fez. No uso protetivo de força, a intenção é apenas proteger. Protegemos nossas necessidades, em seguida nos comunicaremos de modo a educar a pessoa. Mas no momento pode ser preciso usar de força para oferecer proteção.

Um exemplo disso seria o que aconteceu comigo quando meus filhos eram pequenos. Vivíamos numa rua movimentada. Eles eram fascinados com o que estava acontecendo do outro lado da rua, e não entendiam ainda o perigo de sair correndo entre os carros. Tenho certeza de que se tivesse bastante tempo para conversar com eles, conseguiria explicar. Mas, nesse meio tempo, tinha medo que sofressem um acidente. Por conseguinte, havia motivo para usar força protetiva, pois o tempo era curto para explicar antes que algo grave acontecesse. Então disse a eles: "Se eu os vir indo para a rua, vou colocá-los no quintal onde não há perigo de serem atropelados". Um tempinho depois de dizer isso, um deles se esqueceu e começou a correr para a rua. Eu o peguei no colo, levei até o quintal e o coloquei lá – não como castigo, pois havia muita coisa para fazer no quintal, tínhamos balanços e escorregador. Eu não estava tentando fazê-los sofrer. Só queria controlar o ambiente para atender à minha necessidade de segurança.

Muitos pais dizem: "Mas será que a criança não verá isso como punição?" Bem, se isso foi feito como punição no passado, se a criança teve muitas experiências com pessoas punitivas, sim, talvez veja como punição. Mas o principal é que nós, os pais, estejamos conscientes da diferença, e quando usarmos de força, estejamos certos de que é para proteger e não para punir.

Um modo de lembrar o propósito do uso protetivo de força é ver a diferença entre controlar a criança e controlar o ambiente. Ao punir estamos tentando controlar a criança fazendo com que ela se sinta mal pelo que fez, a fim de suscitar dentro dela vergonha, culpa ou medo.

No uso protetivo de força, nossa intenção não é controlar a criança; é controlar o ambiente. O objetivo é proteger nossas necessidades até que haja tempo de fazer o que realmente é necessário: ter uma comunicação de qualidade com a outra pessoa. É mais ou menos como colocar telas nas janelas para nos protegermos dos mosquitos. É um uso protetivo de força. Controlamos o ambiente para evitar que coisas desagradáveis aconteçam.

Comunidades de apoio

A criação de filhos que proponho aqui é muito diferente do modo que a maioria das pessoas cria seus filhos. É difícil contemplar opções radicalmente diversas num mundo onde a punição é tão prevalente, e onde há grande chance de sermos mal interpretados se não usarmos punição e outras formas coercitivas de comportamento. Por isso, ajuda muito fazer parte de uma comunidade de apoio que compreende o conceito de maternagem/paternagem do qual estou falando; ali encontramos o suporte para prosseguir num mundo que muitas vezes não dá incentivo a esse estilo de criação.

Com certeza, para mim sempre foi muito mais fácil persistir com essa metodologia da qual estou falando quando recebia empatia de uma comunidade de apoio – empatia necessária, pois às vezes é muito difícil ser pai ou mãe. Como é fácil recair em velhos padrões! Quando eu tinha a companhia de outros pais e mães que também estavam tentando se vincular a seus filhos da mesma maneira que eu, foi muito bom poder falar com eles, ouvir suas frustrações e poder falar a eles das minhas. Notei que, quanto mais participava dessa comunidade, melhor conseguia adotar esse processo com meus filhos, mesmo sob condições complexas.

Uma das coisas gratificantes que me aconteceu, que foi estimulante e enriquecedora, foi uma mensagem que recebi da minha filha quando era bem pequena. Era domingo de manhã, único período da semana que eu tinha para relaxar, um tempo muito precioso para mim.

Nessa manhã em especial, um casal me chamou por telefone pedindo para atendê-los. O relacionamento estava em crise e eles queriam que eu trabalhasse com eles. Concordei, sem dar a devida atenção às minhas necessidades internas e ao meu ressentimento por sua intrusão no meu tempo livre. Enquanto estava com esse casal na sala, a campainha tocou. Era a polícia chegando com uma jovem para falar comigo. Eu também a atendia como terapeuta, e a polícia a encontrara nos trilhos do trem. Essa era a forma de ela chamar minha atenção para pedir uma consulta. Era assim, sentando nos trilhos do trem, que ela me dizia que estava sofrendo. Ela conhecia os horários dos trens melhor do que qualquer outra pessoa, portanto sabia que a polícia a tiraria dos trilhos antes que o trem passasse.

A polícia foi embora, e eu fiquei com a moça chorando na cozinha e o casal na sala – fiquei indo e vindo de lá para cá, tentando cuidar amorosamente dos dois. Enquanto fazia isso, olhando no relógio e torcendo para ainda sobrar tempo para desfrutar algum lazer pessoal, as três crianças começaram a brigar lá em cima. Subi as escadas aos pulos, e descobri algo fascinante. Talvez escreva um trabalho científico sobre isso algum dia: o efeito da altitude no comportamento maníaco. Veja, no andar de baixo eu era uma pessoa amorosa, cuidando daquele casal, da jovem na cozinha, porém, no andar de cima, eu me tornei um maníaco.

Disse a eles: "O que tem de errado com vocês? Será que vocês não veem que tem pessoas sofrendo lá embaixo? Já para seus quartos!" Cada um voltou para seu respectivo quarto e fechou a porta com força suficiente apenas para que eu não pudesse dizer que haviam batido a porta; na primeira vez eu fiquei mais bravo, na segunda mais ainda. Felizmente, na terceira, não sei por que, isso me ajudou a ver a ironia da situação. Como é fácil ser amoroso com as pessoas lá embaixo, mas com que rapidez eu conseguia ser grosseiro com minha própria família lá em cima!

Respirei fundo e fui primeiro no quarto do meu filho mais velho. Disse a ele que estava triste por ter descontado nele coisas que estava sentindo em relação às pessoas lá embaixo. Ele entendeu, e disse apenas: "Tudo bem, pai. Não foi nada de mais". Fui até o quarto do mais novo e tive uma resposta semelhante. Quando fui até o quarto da minha filha e disse a ela que estava triste pelo modo que falei com eles, ela se aproximou de mim, pôs a cabeça no meu ombro e disse: "Tudo bem, papai. Ninguém é perfeito".

Que mensagem preciosa. Sim, meus filhos apreciavam meu esforço para me relacionar com eles de modo amoroso, compassivo e empático. Que alívio perceber que eles compreendem minha humanidade, e como isso também pode ser difícil.

Então, para finalizar, ofereço a você este conselho reconfortante, que me foi dado pela minha filha: ninguém é perfeito – para que se lembre que tudo que vale a pena, vale a pena fazer de modo menos do que perfeito. E a criação de filhos, evidentemente, vale muito a pena, embora por vezes seja inevitável que o façamos de modo menos que perfeito. Se nos castigarmos sempre que não formos pais perfeitos, nossos filhos sofrerão por causa disso.

Muitas vezes digo aos pais que o inferno é ter filhos e pensar que existe tal coisa como um "bom pai" ou "boa mãe". Se toda vez que somos menos do que perfeitos nos culparmos e nos atacarmos, nossos filhos não se beneficiarão disso. Assim, o objetivo que proponho não é sermos um pai ou mãe perfeitos, mas tornarmo-nos progressivamente menos ignorantes – aprendendo com cada ocasião em que não conseguirmos dar aos nossos filhos a qualidade de compreensão que precisam, em que não conseguirmos nos expressar de maneira honesta. Na minha experiência, toda vez que isso acontece, significa que não estamos tendo o apoio emocional que precisamos como pais, o apoio que nos permita dar aos nossos filhos o que eles necessitam.

Só é possível dar de si amorosamente na mesma medida em que se recebe amor e compreensão similares. Por isso, recomendo com toda convicção criar uma comunidade de apoio para nós mesmos, com amigos ou outras pessoas que nos deem a compreensão que precisamos, para conseguirmos estar presentes aos nossos filhos de tal forma que os beneficie e também beneficie a nós.

Espero que as coisas que disse aqui o ajude a se desenvolver e se tornar a mãe ou o pai que deseja ser.

OS QUATRO COMPONENTES DA CNV

| Expressar objetivamente, como **eu estou**, sem culpar ou criticar. | Receber, empaticamente, como **você está**, sem ouvir recriminações ou críticas. |

OBSERVAÇÕES

1. O que eu observo (*vejo, ouço, lembro, imagino, livre de minhas avaliações*) que contribui, ou não, para o meu bem-estar:

   "Quando eu (*vejo, ouço, ...*) ..."

1. O que você observa (*vê, ouve, lembra, imagina, livre de suas avaliações*) que contribui, ou não, para o seu bem-estar:

   "Quando você (*vê, ouve, ...*) ..."

   (*Coisas que recebemos empaticamente, mesmo que não tenha sido dito dessa forma.*)

SENTIMENTOS

2. Como eu me sinto (*emoção ou sensação em vez de pensamento*) em relação ao que observo:

   "Eu me sinto ..."

2. Como você se sente (*emoção ou sensação em vez de pensamento*) em relação ao que você observa:

   "Você se sente ..."

NECESSIDADES

3. Do que eu preciso ou o que é importante para mim (*em vez de uma preferência ou de uma ação específica*) – a causa dos meus sentimentos:

   "... porque eu preciso de / porque é importante para mim ..."

3. Do que você precisa ou o que é importante para você (*em vez de uma preferência ou de uma ação específica*) – a causa dos seus sentimentos:

   "... porque você precisa de / porque é importante para você ..."

| Faço um pedido claro, sem exigir, de algo que enriqueceria **minha** vida. | Recebo empaticamente o seu pedido de algo que enriqueceria **sua** vida, sem ouvir como uma exigência. |

PEDIDOS

4. As ações concretas que eu gostaria que ocorressem:

   "Você estaria disposto/a ...?"

4. As ações concretas que você gostaria que ocorressem:

   "Você gostaria de ...?"
   (*Coisas que recebemos empaticamente, mesmo que não tenha sido dito dessa forma.*)

OUVIR   FALAR

LISTA DE ALGUNS SENTIMENTOS UNIVERSAIS

Sentimentos quando as necessidades estão atendidas:

- admirado
- agradecido
- aliviado
- animado
- comovido
- confiante
- confortável
- curioso
- emocionado
- esperançoso
- feliz
- inspirado
- motivado
- orgulhoso
- otimista
- realizado
- revigorado
- satisfeito
- seguro
- surpreso

Sentimentos quando as necessidades não estão atendidas:

- aborrecido
- aflito
- assoberbado
- confuso
- constrangido
- decepcionado
- desanimado
- desconfortável
- frustrado
- impaciente
- impotente
- intrigado
- irritado
- nervoso
- preocupado
- relutante
- sem esperança
- solitário
- triste
- zangado

LISTA DE ALGUMAS NECESSIDADES UNIVERSAIS

Autonomia
- escolher sonhos/propósitos/valores
- escolher planos para realizar os próprios sonhos, propósitos, valores

Bem-estar físico
- abrigo
- água
- ar
- comida
- descanso
- expressão sexual
- movimento, exercício
- proteção contra ameaças à vida: vírus, bactérias, insetos, animais predadores
- toque

Celebração
- celebrar a criação da vida e os sonhos realizados
- lamentar perdas: de entes queridos, sonhos etc. (luto)

Comunhão espiritual
- beleza
- harmonia
- inspiração
- ordem
- paz

Integridade
- autenticidade
- criatividade
- sentido
- valor próprio

Interdependência
- aceitação
- acolhimento
- amor
- apoio
- apreciação
- compreensão
- comunidade
- confiança
- consideração
- contribuição para o enriquecimento da vida
- empatia
- honestidade (a honestidade que nos permite tirar um aprendizado de nossas limitações)
- proximidade
- respeito
- segurança emocional

Lazer
- diversão
- riso

Sobre a Comunicação Não Violenta

Do dormitório à sala do conselho de administração, da classe à zona de guerra, a CNV está mudando vidas todos os dias. Ela oferece um método eficaz e de fácil compreensão que consegue chegar nas raízes da violência e do sofrimento de um modo pacífico. Ao examinar as necessidades não atendidas por trás do que fazemos e dizemos, a CNV ajuda a reduzir hostilidades, curar a dor e fortalecer relacionamentos profissionais e pessoais. A CNV está sendo ensinada em empresas, escolas, prisões e centros de mediação no mundo todo. E está provocando mudanças culturais pois instituições, corporações e governos estão integrando a consciência própria da CNV às suas estruturas e abordagens de liderança.

A maioria tem fome de habilidades que melhorem a qualidade dos relacionamentos, aprofundem o sentido de empoderamento pessoal, ou mesmo contribuam para uma comunicação mais eficaz. É lamentável que tenhamos sido educados desde o nascimento para competir, julgar, exigir e diagnosticar – pensar e comunicar-se em termos do que está "certo" e "errado" nas pessoas. Na melhor das hipóteses, as formas habituais de falar atrapalham a comunicação e criam mal-entendidos e frustração. Pior, podem gerar raiva e dor, e levar à violência. Inadvertidamente, mesmo as pessoas com as melhores intenções acabam gerando conflitos desnecessários.

A CNV nos ajuda a perceber abaixo da superfície e descobrir o que está vivo e é vital em nós, e como todas as nossas ações se baseiam em necessidades humanas que estamos tentando satisfazer. Aprendemos a desenvolver um vocabulário de sentimentos e necessidades que nos ajuda a expressar com mais clareza o que está acontecendo dentro de nós em qualquer momento. Ao compreender e reconhecer nossas necessidades, desenvolvemos uma base partilhada que permite relacionamentos muito mais satisfatórios.

Junte-se aos milhares de pessoas do mundo todo que aprimoraram seus relacionamentos e suas vidas por meio desse processo simples, porém revolucionário.

Sobre o Center for Nonviolent Communication

O Center for Nonviolent Communication (CNVC) é uma organização global que apoia o aprendizado e a partilha da Comunicação Não Violenta e ajuda as pessoas a resolver conflitos de modo pacífico e eficaz no contexto individual, organizacional e político.

O CNVC é guardião da integridade do processo de CNV e um ponto de convergência para informação e recursos relacionados à CNV, inclusive treinamento, resolução de conflitos, projetos e serviços de consultoria organizacional. Sua missão é contribuir para relações humanas mais sustentáveis, compassivas e que apoiem a vida no âmbito da mudança pessoal, dos relacionamentos interpessoais e dos sistemas e estruturas sociais, tal como nos negócios, na economia, na educação, justiça, sistema de saúde e manutenção da paz. O trabalho de CNV está sendo realizado em 65 países e crescendo, tocando a vida de centenas de milhares de pessoas por todo o mundo.

Visite o site https://www.cnvc.org onde poderá saber mais sobre as atividades principais da organização:

- Programa de Certificação
- Treinamentos Intensivos Internacionais
- Promover Formação em CNV
- Patrocínio de projetos de mudança social através da CNV
- Criação ou ajuda na criação de materiais pedagógicos para ensinar CNV
- Distribuição e venda de materiais pedagógicos de CNV
- Promover ligações entre o público em geral e a comunidade de CNV.

The Center for Nonviolent Communication
9301 Indian School Rd NE, Suite 204. Albuquerque, NM 87112-2861 USA.
Tel: 1 (505) 244-4041 | Fax: 1 (505) 247-0414

Sobre o autor

Marshall B. Rosenberg, Ph.D., fundou e foi diretor de serviços educacionais do Center for Nonviolent Communication – CNVC, uma organização internacional de construção de paz. Além deste livro, é autor do clássico *Comunicação Não Violenta* e de muitas obras sobre este tema. Marshall foi agraciado com o Bridge of Peace Award da Global Village Foundation em 2006, e com o prêmio Light of God Expressing Award da Association of Unity Churches International no mesmo ano.

Tendo crescido num bairro violento de Detroit, Marshall interessou-se vivamente por novas formas de Comunicação que pudessem oferecer alternativas pacíficas às agressões que ele presenciou. Esse interesse motivou seus estudos, até o doutorado em Psicologia Clínica da University of Wisconsin em 1961, onde foi aluno de Carl Rogers. Estudos e vivências posteriores no campo da religião comparada o motivaram a desenvolver o processo de Comunicação Não Violenta.

Marshall aplicou o processo de CNV pela primeira vez em um projeto federal de integração escolar durante os anos

1960 com a finalidade de oferecer mediação e treinamento em habilidades de comunicação. Em 1984 fundou o CNVC, que hoje conta com mais de 200 professores de CNV afiliados, em 35 países do mundo inteiro.

Com violão e fantoches nas mãos, e um histórico de viagens a alguns dos lugares mais violentos do planeta, dotado de grande energia espiritual, Marshall nos mostrou como criar um mundo mais pacífico e satisfatório.

Texto composto na fonte Source Serif Pro.
Impresso em papel Chambril Avena 80gr na Cromosete.